Nur eine kleine Ameise

Else Schwenk-Anger
Verse Werner Schwenk

Unter dichten Fichtenzweigen,
die sich bis zur Erde neigen,
ein Nadelteppich braun und grau
verwebt mit Reisig, derb und rauh.

Ameisen hier sich emsig regen,
auf ihrer Straße sich bewegen,
ihre Lasten fleißig zieh'n,
bis zu ihrem Hügel hin.
Sie schleppen, zerren, Schritt für Schritt,
wird es zu schwer, hilft eine mit.

Wer immer emsig, der vergißt,
wie düster dieser Wald hier ist.
Die Kleinste aber aus der Schar,
weil sie besonders müde war,
ruht und folgt den andern nicht,
sieht, wie es schimmert grün und licht
oben in der Bäume Kronen.
Wer mag wohl dort oben wohnen?
Sieht, wie ein paar Sonnenstrahlen
Goldhauch auf den Boden malen,
geht dorthin, genießt und schwärmt,
wie das so schön den Rücken wärmt.
Wie herrlich ist der Sonnenschein!
Sie ahnt, das kann nicht alles sein.

Schon juckt es sie, so will ihr scheinen,
in ihrem halben Dutzend Beinen,
im Kopf schwirrt es von Reiseplänen,
doch in den Augen hat sie Tränen:
Soll sie es denn wirklich wagen,
was würden dann die andern sagen?
Ob es ihr draußen wohl gefällt
dort in der unbekannten Welt?

Doch, wie sie noch am Überlegen,
ist sie auch schon auf fremden Wegen,
munter krabbelt sie gradaus,
bis sie aus dem Wald heraus,
sieht Pflanzen, üppig, wild und fremd.
Viel Buntes ihre Schritte hemmt.
Bei allem, was sie kriegt zu sehen,
bleibt Mund und Aug' ihr offen stehen.

Vom Waldrand kommt sie auf die Wiesen.
Neugierig fängt sie an zu klettern
zwischen Halm und Riesenblättern,
um die Aussicht zu genießen.
»Wen seh' ich durch die Lüfte gaukeln
zu den Blüten ringsherum?
Das, wenn ich könnte, wär nicht dumm,
oh weh, mein Halm beginnt zu schaukeln!«

Da, plötzlich bläst ein lustiger Wind!
Die Kleine hält sich fest geschwind,
bevor die Schirmchen all' zerstoben,
sie fühlt sich in die Luft gehoben.
Freilich ist sie sehr erschrocken,
weiß auch nicht, wie ihr geschieht,
sieht nun aber mit Frohlocken,
was unter ihr vorüberzieht,
Wiesen, Felder, Berge, Seen,
sieht spät die Sonne untergehen.

Doch der Wind wird schwach und schwächer,
und das Schirmchen senkt sich schnell,
streift schon über Blätterdächer.
»Da, ein Netz ganz silberhell,
das die Spinnen sicher spannten
für mich, um weich darin zu landen.«
Doch was krabbelt da heraus?
Nein, das sieht nicht freundlich aus!

Die Hinterbeine hochgezogen,
ist sie rasch vorbeigeflogen,
der Schrecken lähmt die müden Glieder.
Als sie schwebt zur Erde nieder,
schläft sie schon und träumt – und träumt.

Am Morgen ist das Staunen groß:
»Welch eine Pracht! Wo bin ich bloß?«
Es raschelt auf der Wiese hier
so manches muntere Krabbeltier.
Sie sieht, wie sich die Blumen strecken,
den Blütenkelch zur Sonne recken,
dann mit ihr wandern wie im Reigen
und sich am Abend vor ihr neigen.

Die Ameise ist voller Glück,
doch die Gedanken geh'n zurück
zu ihrem Volk, das flink und fleißig
beschäftigt ist mit dürrem Reisig.
»Sie sollen auch mal Blumen sehen!«

»Ich rate dir, du kannst sie säen,
kannst Wurzeln aus dem Boden rupfen«,
ein Käfer, rot, mit schwarzen Tupfen,
ganz plötzlich in der Nähe steht.

»Ich glaube nicht, daß das so geht,
bei uns ist so viel Dunkelheit,
daß eine Blume nicht gedeiht.«

Der Käfer sagt: »Schau, diese hier,
die Glöckchen, die beweisen dir:
gerade was im Schatten stand,
gar oft zu schönster Blüte fand.«

Die Ameise hat lang gegraben,
froh, des Freundes Rat zu haben,
bis die Wurzel war heraus,
die sie nun freudig schleppt nach Haus'.
Doch sie spürt es immer mehr:
das Geschenk ist viel zu schwer.
Schon kreisen rundum ihre Augen:
Was könnte hier zum Fliegen taugen?
Sieht aber auf den ersten Blick
nur Disteln, wild und stachelig.
»Wie wär' es, wenn mit meiner Bürde
der Hüpfer weiterhüpfen würde?«

»Mit dieser Wurzel lang und schwer
bin auch ich kein Hüpfer mehr.
Heuschrecken muß man hüpfen lassen!
Wie soll ich bloß die Wurzel fassen?
– Frag lieber den da mit der Zange!«

»Vor diesem Käfer ist mir bange,
vor ihm ich mich wohl besser hüte!«

Außer Atem, matt und müde
schleppt sie ihren Wurzelschatz
schnell an einen sicheren Platz.
Ganz verzagt streckt sie sich aus:
»So komme ich niemals nach Haus'!«

Doch als sie lange ausgeruht,
bekommt sie wieder neuen Mut.

Ganz fest glaubt sie, daß sie es schafft,
nützt sie nur richtig ihre Kraft.

Zuversichtlich schläft sie ein,
spät in der Nacht beim Mondenschein.
Mit Flügeln, die sie sieht im Traum
schwebt sie über Busch und Baum.

Von der Sonne früh geweckt,
die Ameise sich reckt und streckt,
spürt auch gleich beim Hochbewegen,
sie kann sich so wie sonst nicht regen.
Staunt, als sie näher sich besah:
»Die Flügel sind tatsächlich da!«

Gleich beginnt sie auszuklügeln,
frei zu fliegen mit den Wurzeln,
doch das wird ein wildes Flügeln,
ein arges Über-Wurzeln-purzeln,

bis sie sich plötzlich doch erhebt
und mit der Last von dannen schwebt.
Immer nach dem Himmelslicht,
so verfehlt den Weg sie nicht.

Wie sehr man sie willkommen heiße,
denkt sie, nach der langen Reise.
Doch nun beachtet man sie kaum,
niemand hat Zeit im dunklen Raum.
Was sie erzählt von Duft und Licht,
das glauben ihr die andern nicht.
Auch das Geschenk erregt kein Staunen
und durch die Menge geht ein Raunen:
»Dies trockene Zeug da, eine Zier?
Das ist so grau wie alles hier!«

Die Kleine läßt sich nicht verdrießen,
eines Tages wird es sprießen,
was sie dem Boden anvertraut.

Tatsächlich aus der Erde schaut
nach einer langen, langen Zeit,
– inzwischen hat es auch geschneit –
ein winzig-zartes Blättchen Grün . . .

. . . wächst und gedeiht, fängt an zu blühn.

Bald ist die kleine Waldameise
umringt von einem großen Kreise.
Still bleibt sie und ganz bescheiden,
als sie hört von allen Seiten:
»Du hast uns sehr froh gemacht,
hast neue Hoffnung uns gebracht,
dein Geschenk hat tieferen Sinn.

Sei du nun unsere Königin!«

Von Else Schwenk-Anger gibt es noch folgende Bilderbücher im

ESA VERLAG

Eulalia
Tao
Eine wundersame Nacht
Vom Bäumlein
Igelkinder
Lilli
Stolperspinnlein
Ulla I (Fotografie)
Ulla II (Fotografie)